Serie: Las Artes

¡A bailar-1! (colección piñata)
Derechos reservados
©1991, EDITORIAL PATRIA, S.A. de C.V.
Renacimiento 180 Colonia San Juan Tlihuaca
Delegación Azcapotzalco, C.P. 02400, México, D.F.

Miembro de la Cámara Nacional de la Industria Editorial
Registro número 046

ISBN 968-39-0597-8

Impreso en México
Printed in Mexico

Primera edición: 1991
Segunda edición: 1994
Primera reimpresión: 1997
Segunda reimpresión: 1998

Esta obra se terminó de imprimir en noviembre de 1998
en los talleres de Editorial Impresora Apolo, S.A. de C.V.
Centeno No. 150 Local 6, Col. Granjas Esmeralda
C.P. 09810, México, D.F.

¡A BAILAR!

Texto
Beatriz Bennett

Ilustraciones
Manuel Bennett

Danza de los viejitos

Esta danza llena de humor proviene de los alrededores de Pátzcuaro, en el estado de Michoacán. Los danzantes usan máscaras cómicas, trajes blancos bordados en la orilla del pantalón y sarapes encima. Los pasos son lentos al principio, imitando el caminar de unos viejitos cansados. De pronto, los movimientos se convierten en ágiles y enérgicos como los jóvenes bailarines que se ocultan tras las máscaras.

Danza del coyote

La bailan los yaquis de Sonora, a veces combinada con la danza del venado. El ejecutante porta una piel de coyote sobre la espalda, sujetada por una corona de plumas en la frente. En una mano lleva un arco que golpea con un palo al ritmo de un tambor. En ciertas versiones los cazadores persiguen y capturan al coyote entre gritos y risas del público.

Danza de la pluma

De los pueblos de Oaxaca procede esta danza que se presenta en la famosa fiesta de la Guelaguetza. Ilustra la conquista de Moctezuma por las fuerzas españolas de Hernán Cortés. La danza es triste porque representa las escenas de batalla y el vencimiento del monarca azteca, pero la indumentaria espectacular y los penachos de plumas de Moctezuma y su cuadrilla hacen de este baile una obra dramática y emocionante.

M·BENNETT 9

Danza de Santiago

Esta danza antigua es de origen religioso y se practica en pueblos de la sierra norte de Puebla y regiones aledañas. El personaje de Santiago lleva un caballito de madera sujeto a la cintura y, cabalgando por la escena, lucha contra el rey moro hasta vencerlo. Los diálogos entre los adversarios asemejan a veces una obra de teatro. Sin embargo, por el vestuario y los combates resulta una danza brillante.

M. BENNETT 91

Danza de los quetzales

Lo sobresaliente de esta danza es el penacho casi redondo formado por listones multicolores y plumas que llevan los danzantes. Se ejecuta en la sierra de Puebla y simboliza el curso solar. Antiguamente, en la plaza de los pueblos se levantaba una rueda con cuatro aspas sobre las cuales giraban cuatro de los danzantes. Hoy en día se baila al ritmo de un tamborcito, una flauta y las sonajas que cada danzante agita.

Danza de los paixtles

Es una de las pocas danzas prehispánicas que sigue ejecutándose en su forma original, aunque ahora con menor frecuencia. Los pueblos donde se baila se encuentran en el estado de Jalisco, por Tuxpan, Sayula y Tecaltitlán. Lo más impresionante de esta danza es el vestuario, que consta de una larga capa hecha de heno de ahuehuete y una máscara pintada como diosa antigua. Los pasos no son rápidos ni agitados puesto que el ambiente es solemne y las capas pesan mucho.

M. BENNETT 91

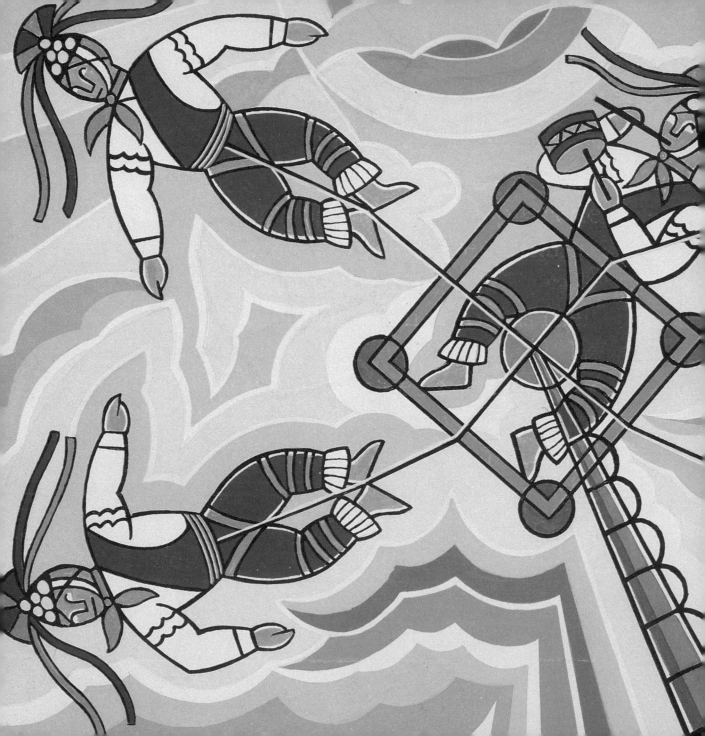

Danza del vaquerito

En esta danza de la Mixteca oaxaque-
ña se representa una actividad de la
vida diaria en los ranchos. Entre las
muchas versiones que existen hay una
en que los vaqueros tratan de captu-
rar al toro, hecho de cartón, que car-
ga un muchacho sobre los hombros.
Mientras que los demás corren y bailan en busca del toro, éste trata de
eludirlos. Así, todo resulta muy ani-
mado y de buen humor.

M.BENNETT 91

Danza de las canacuas

Esta danza es de origen purépecha, de la región tarasca, por Uruapan, Michoacán. Lo bailan mujeres jóvenes en honor de invitados importantes a una fiesta. Las danzantes usan falda tableada, una bonita blusa bordada y rebozo. Cada joven porta una jícara sobre la cabeza, con flores y fruta para obsequiar al agasajado. La música es melódica y los pasos graciosos pero lentos para no volcar las jícaras.

El huapango de Veracruz

Una de las muy diversas versiones del huapango es el son jarocho que tiene su origen en Veracruz. Se baila sobre una tarima de madera para acentuar el sonido de los zapateados y realzar la destreza y gracia de los ejecutantes. La mujer viste de encaje blanco y el hombre de pantalón y camisa blancos con paliacate rojo. La música de guitarra, violín y jarana es melódica, rítmica y muy alegre.

El jarabe tapatío

Es el baile folclórico más típico de la República. Originalmente de Guadalajara, Jalisco, se baila en muchas otras partes del país. Como vestuario se utiliza el vestido de la china poblana para la mujer y un traje de charro para el hombre. Es alegre, gracioso y de mucho colorido y los pasos, variados y rápidos al ritmo de la música, generalmente terminan con la mujer bailando sobre o alrededor del sombrero que su pareja ha tirado al suelo.

El huapango huasteco

Originalmente del estado de Tamaulipas, este baile popular describe la vida en el campo, la siembra y la zafra de la caña de azúcar. La pareja se viste de finos trajes de gamuza bordada con flecos y ejecuta pasos difíciles, como cuando baila cercada por el lazo que florea el hombre. Por eso, a este baile a veces se le llama "la reata".

La jarana de Yucatán

Al extremo sureste de la República, en el estado de Yucatán, se baila la jarana. Con cierta influencia española en los pasos, varía según la región y refleja un ritual cotidiano e histórico a la vez. La mujer usa falda y túnica blancas, bordadas en las orillas, y el hombre se viste de pantalón blanco y una camisa típicamente yucateca llamada "guayabana" o "guayabera". Su sombrero es de fino henequén y lo usa a veces para saludar o cortejar a la dama de su preferencia con quien desea bailar.

La zandunga

El baile más característico del Istmo de Tehuantepec es la zandunga, que se destaca por la elegancia de las danzantes y la belleza del movimiento de todo el conjunto. Mientras las tehuanas bailan graciosamente al son de una marimba, los hombres, por su lado, ejecutan zapateados más agitados. El traje de la mujer es especialmente lujoso, de seda bordada y holanes; sobre la cabeza lleva un huipil de encaje blanco en las fiestas de gran gala.

La danza de los voladores
(ilustración en págs. 16-17)

En esta danza ritual, originaria de Papantla, Veracruz, hay cinco danzantes con vistosos trajes rojos y relucientes tocados amarrados a la cabeza. Uno de ellos, desde la cima de un altísimo palo, toca la flauta y un tamborcito, saludando a los cuatro vientos y bailando a la vez. Los otros cuatro, subidos también y amarrados por un lazo, se lanzan al aire y comienzan a "volar" asemejando pájaros, hasta que, sanos y salvos, los cinco integrantes llegan al suelo.